Rainer Haak

Ab heute will ich
glücklich sein

Ratgeber Lebenshilfe

Rainer Haak

Ab heute will ich glücklich sein

SKV-EDITION

Wünschen Sie Informationen über Bücher und
Veranstaltungen von Rainer Haak, wenden Sie sich an:

Rainer Haak
Hamburger Straße 11
22083 Hamburg

Bildnachweis:
Umschlag: V. Rauch
Innenbilder: S. 9: M. Ruckszio; S. 13: K. Scholz; S. 17: G. Gölz;
S. 21, 29: G. Burbeck; S. 25: W. Köhler; S. 37: Lahall/IFA-Bilder-
team; S. 41: Ch. Palma; S. 45: R. Kemmether

Die Deutsche Bibliothek – CIP-Einheitsaufnahme

Haak, Rainer:
Ab heute will ich glücklich sein / Rainer Haak. – 2. Aufl. –
Lahr/Schwarzwald : SKV-Ed., 2000
   (Ratgeber Lebenshilfe ; 94406)
   ISBN 3-8256-4406-5

Ratgeber Lebenshilfe 94 406
2. Auflage 2000
Umschlaggestaltung: F. Baumann
© 2000 by SKV-EDITION, Lahr/Schwarzwald
Gesamtherstellung:
St.-Johannis-Druckerei, Lahr/Schwarzwald
Printed in Germany   107476/2000

INHALT

Vorwort	6
Ich ziehe Bilanz	8
Ballast abwerfen	16
Entscheidungen treffen	23
Heute will ich leben	28
Mir selbst Gutes tun	34
Anderen Gutes tun	40
Unsere Welt braucht glückliche Menschen	47

VORWORT

Es geht hier darum, dass Sie glücklich sind, um nichts anderes! Dieses Buch ist ein Begleiter auf Ihrem Weg zum Glück. Ob Sie es als Begleiter akzeptieren, müssen Sie selbst entscheiden.
Sie glauben nicht daran, dass Sie glücklich sein können? Dann warten Sie ab!
Sie glauben nicht, dass ein Mensch immer glücklich sein kann? Das glaube ich auch nicht. Aber glücklicher als bisher wollen wir doch alle sein.

Ein paar Fragen am Anfang:
- Gestalten Sie Ihr Leben selbst? Oder reagieren Sie nur auf das, was andere tun? Oder schauen Sie passiv zu, wie andere ihr Leben aktiv gestalten, in der Nachbarschaft, im Fernsehen?
- Haben Sie den Eindruck, meistens etwas Sinnvolles zu tun? Oder sehen Sie in allem keinen Sinn?
- Sind Sie manchmal vom Leben begeistert? Oder leiden Sie unter Langeweile und haben Probleme, sich selbst zu motivieren?
- Sind Sie in eine gute Gemeinschaft eingebunden? Oder fühlen Sie sich oft isoliert, allein gelassen, nutzlos, einsam?

Und noch einige Fragen:
- Wann haben Sie zum letzten Mal einen Sonnenaufgang erlebt und sich daran erfreut?

- Wann sind Sie zum letzten Mal barfuß durchs Gras gelaufen?
- Wann haben Sie zum letzten Mal einen Menschen getröstet?
- Wann haben Sie zum letzten Mal laut gelacht?
- Wann haben Sie zum letzten Mal etwas Neues gelernt?
- W_____ Sie zum letzten M__ ___ü__
  wu
  staunt?

Na, haben Sie Lust weiterzulesen? Ich freue mich darauf. Und ich hoffe, dass Sie irgendwann b__ Lesen sich selbst das Versprechen geben: Ab____ute will ich glücklich sein!

Alles, was in diesem Buch steht, ist mir selbst wichtig geworden. Ich habe mich entschieden, etwas für mein Glück zu tun. Deshalb schreibe ich in der Ichform. Vielleicht fühlen Sie sich dadurch auch persönlich angesprochen und lesen es so, als wäre es gerade für Sie geschrieben. Und wenn ich eigene Erlebnisse dazwischen einstreue, dann wissen Sie, was mit »ich« gemeint ist.
Und nun geht's los!

ICH ZIEHE BILANZ

Ich will etwas für mein Glück tun, dafür habe ich mich entschieden. Ich will so gern glücklich sein – öfter als bisher.
Dazu muss ich erst einmal zwei wichtige Fragen beantworten:
1. Was hindert mich bisher daran, glücklich zu sein?
2. Was bedeutet für mich »Glück« und »erfülltes Leben« und wo kann ich beides finden?

1. Es ist wahrlich nicht leicht, eine »Lebensinventur« vorzunehmen. Denn eine persönliche Bilanz, bei der nicht gemogelt wird, zeigt neben Aktiva immer auch Passiva, neben Sonnenseiten auch Schatten. Was also hat mich bisher von meinem Glück abgehalten? Ich schreibe alles auf, was mir dazu einfällt.
Hier sind einige sehr verbreitete »Glücksdiebe«:
- Meine Sorgen und Probleme drücken mich nieder.
- Ich will alles hundertprozentig machen.
- Ich kann mich nicht von der Vergangenheit lösen.
- Ich lebe zu sehr in der Zukunft (»Wenn ich erst die Wohnung renoviert habe ...«).
- Ich erwarte zu viel von meinen Mitmenschen.

- Ich sehe eher das Negative als das Positive.
- Ich leide unter mangelndem Selbstwertgefühl.
- Ich fühle mich überlastet (oder aber nicht ausgelastet).

Für diese »Inventur« brauche ich viel Zeit. Das ist nicht an einem Tag zu erledigen. Und zwischendurch suche ich vielleicht auch die Hilfe guter Freunde – sie können manches viel klarer sehen als ich selbst.
Und schließlich entsteht ein immer deutlicheres Bild von dem, was mich daran hindert, glücklich zu sein. Meine Glücksdiebe nehmen Gestalt an.

2. Nun mache ich mich daran, die nächste Frage zu beantworten: Was bedeutet für mich »Glück« und »erfülltes Leben« und wo kann ich beides finden?
Glück ist etwas sehr Individuelles, und was den einen glücklich macht (z.B. Gartenarbeit oder Urlaub auf einer einsamen Insel oder eine Nacht in der Diskothek) kann für den anderen eine Zumutung sein.
Viel zu oft habe ich versucht, glückliche Menschen zu imitieren. Ich habe mein Glück da gesucht, wo andere es mir versprochen oder angepriesen haben. Ich habe der Werbung Vertrauen geschenkt, aber wurde durch das gekaufte Produkt auch nicht glücklicher.

So suche ich jetzt keinen »Lifestyle«, der mir in jedem Magazin begegnet, sondern ich suche meinen persönlichen Lebensstil. Ich frage mich, was ich wirklich gern tun würde. Ich versuche, meine Vorlieben herauszufiltern. Ich suche nach meinen eigenen Träumen und nicht nach denen, die ich von anderen übernommen habe.

Ich versuche meinen Wünschen und Träumen auf den Grund zu gehen:

- Will ich wirklich aufs Land (oder in die Stadt) ziehen? Oder trage ich ein unrealistisches Bild vom Landleben in mir? Will ich vor dem Leben und den ungelösten Konflikten fliehen?
- Will ich wirklich ein neues Auto kaufen? Glaube ich, dadurch glücklicher zu werden? Oder muss ich befürchten, über meine finanziellen Verhältnisse zu leben und dadurch unglücklich zu werden?
- Stelle ich womöglich fest, dass ich kaum noch wirkliche Träume habe und nichts mehr vom Leben erwarte?

Wo und wie kann ich Glück finden? Diese Frage wird mich lange beschäftigen. Und je länger ich auf der Suche bin, umso deutlicher werde ich erkennen, dass Glück vor allem etwas mit mir selbst zu tun hat – und nicht mit meiner Wohnung, meinem Auto, meiner Kleidung, meinem Urlaub. Wenn ich zu Hause nicht glücklich sein kann,

werde ich es auch auf keiner Trauminsel in der Südsee sein.
Ich bin bei meiner Arbeit unglücklich? Vielleicht geht es mir so wie vielen Verkäuferinnen und Verkäufern im Kaufhaus. Sie stehen lustlos und gelangweilt herum, »beraten« nur, wenn sie dazu aufgefordert werden, und können häufig nicht einmal kompetent informieren. Doch dann eines Tages suchte ich einen Knopf für mein Jackett, weil er mir abgerissen und verloren gegangen war. In der Abteilung für Kurzwaren kam eine freundliche ältere Dame auf mich zu und fragte, was ich wünschte. Ich hatte mein Jackett mitgebracht und zeigte auf einen Knopf: »So einen brauche ich.« »Oh, das tut mir leid, den haben wir nicht!« Ich fragte nach, ob sie sicher wäre und schaute etwas vorwurfsvoll auf die Abteilung mit Tausenden von Knöpfen in allen Farben und Größen. »Ja, da bin ich sicher. Ich kenne alle Knöpfe hier. Ihrer stammt aus Italien, und den werden Sie hier nirgends finden!« Ich staunte über ihre kompetente Antwort und dachte etwas wehmütig zurück an den Urlaub in Rom, in dem ich das Jackett gekauft hatte. »Schauen Sie, ich habe hier einen Knopf, der wunderbar zu Ihrem Jackett passen würde!« Und so kam es, dass ich bald danach zufrieden mit sieben Knöpfen nach Hause fuhr und meinem Jackett neue Knöpfe verpasste. Und tatsächlich, sie sahen aus wie dafür gemacht. Und das

habe ich einzig und allein einer begeisterten Verkäuferin zu verdanken.
Es liegt also nicht unbedingt an meiner Arbeit, ob ich glücklich oder unglücklich bin. Es liegt an meiner Einstellung dazu und daran, ob ich mir Kompetenz aneigne und mich begeistern lasse – zum Beispiel von Knöpfen.

Mein Leben ist uninteressant? Dann will ich die Verantwortung dafür übernehmen, dass es interessanter wird. Ich will aufhören, dies von anderen zu erwarten. Nicht der Fernsehkonsum macht mein Leben interessant. Nicht mein Nachbar, der so spannend erzählen kann, macht mein Leben interessant.
Ich will selbst leben. Ich will selbst etwas unternehmen. Ich will selbst Erfolge erkämpfen und Probleme überwinden. Ich will selbst interessante Dinge versuchen und erleben, von denen ich anderen dann erzählen kann.

Ich wünsche mir ein gutes Familienleben? Vielleicht habe ich bisher nur versucht, einem Traumbild von einer harmonischen, glücklichen Familie nachzujagen. Vielleicht war ich zu festgelegt. Darum will ich mir kleine Schritte überlegen, die in unsere gegenwärtige Familiensituation passen. Das könnte dann so aussehen: Einmal in der Woche werde ich eine Stunde oder einen Nachmittag ganz allein mit meinem Sohn verbringen.

Oder: Einmal im Monat werden wir alle gemeinsam ein festliches Essen begehen. Oder: Wir werden die Pflichten in unserer Familie gerechter aufteilen.

Der Weg zum Glück besteht immer aus kleinen Schritten. Und es ist wichtig, dass es meine, unsere Schritte sind. Glück entsteht nicht irgendwo, sondern in mir.
Es kann eine gute Hilfe sein, in Zukunft ein Glückstagebuch zu schreiben. Da kann ich dann öfter einmal Bilanz ziehen, Ziele formulieren und Glücksmomente festhalten.

BALLAST ABWERFEN

Vor Jahren besorgte ich mir eine Menge winziger Kiefern. In unserem Garten war noch viel Platz zwischen den anderen Büschen und Bäumen – zu viel, wie ich fand. Die Kiefern wuchsen heran, und wir freuten uns darüber. Schließlich jedoch waren sie derart in die Höhe und Breite gegangen, dass sie anderen Pflanzen die Luft nahmen und der Fußweg zum Hauseingang immer enger wurde. So musste ich handeln: Einige Kiefern schnitt ich zurück – andere musste ich völlig entfernen.

Die meisten Menschen haben es schon erlebt, dass eine Sache in ihrem Leben zu übermächtig wird und ihnen die Luft nimmt. Sie leiden unter viel zu schweren Lasten, die sie davon abhalten glücklich zu sein. Dann ist ein deutlicher Schnitt notwendig. Sie müssen sich von den Lasten befreien.

Vollgepackt auf dem Weg

Zu Hause stapelte sich mein kostbarster Besitz.
Berge von Sorgen füllten die Regale.
Meine Ängste fanden sich in allen Ritzen.
Vorurteile lauerten gleich hinter der Tür.
Und ich stand stolz in jeder Vitrine.

Als ich mich auf den Weg machte,
wollte ich auf meinen Besitz nicht verzichten.
Vollgepackt trat ich die Wanderung an.
Aber schon bald musste ich Ballast ablegen.
Jedes Stück, das auf meinem Weg zurückblieb,
war mir ans Herz gewachsen.
Es tat weh.
Doch die Last wurde leichter,
und mit jedem Schritt wurde ich freier.

Auch unnötige Lasten sind »Glücksdiebe«. Ich denke an die vielen Andenken, Erinnerungen und Geschenke, die in meiner Wohnung verstauben. Ich denke an meine Schränke, die mit Kleidung vollgestopft sind. Ich denke an Geschirr und Küchengeräte, die ich seit Jahren nicht mehr benutze. Ich denke an meine Pläne und Träume: Zahllose Bücher liegen seit vielen Jahren herum, weil ich sie vielleicht doch irgendwann einmal lesen möchte. Mein Kopf ist voll mit Plänen, die ich irgendwann einmal in die Tat umsetzen möchte. Doch insgeheim weiß ich, dass ich all das wohl mit ins Grab nehmen werde.
Ich werde mich von allem Ballast trennen. Alle Kleidung, die ich in den vergangenen zwei Jahren nicht getragen habe, werde ich verschenken. Ich werde meine Geräte und Vorräte durchforsten. Ich werde mich von belastenden Gedanken und Plänen trennen. Ich werde nicht länger an Freundschaften festhalten, die mich langweilen

oder herunterziehen. Ich werde Verpflichtungen beenden, die mich ärgern oder die mich von wichtigeren Dingen abhalten.

Ich habe es oft erlebt, dass Menschen glücklicher wurden und das Leben wieder genießen konnten, nachdem sie sich von unnötigen Lasten befreit hatten. Ein Freund hatte sich ein Holzhaus in der Nähe der Nordsee gekauft, als die Kinder noch kleiner waren. Sie verbrachten dort manchen Urlaub und viele Wochenenden. Doch als die Kinder größer wurden, fuhr die Familie nur noch selten ins Ferienhaus. Diese Aufenthalte bestanden jetzt hauptsächlich aus Rasenmähen, Anstreichen und Reparieren. Das Haus wurde zur Last. Da sich mein Freund nicht vom Haus trennen mochte, vermietete er es. Jetzt hatte er noch mehr Ärger als vorher und musste öfter kommen, um Reparaturen zu erledigen oder einen Handwerker zu beauftragen. Als er schließlich das Haus doch verkaufte, war es eine große Befreiung für die ganze Familie.

Wenn ich schon dabei bin zu fragen, was mich belastet, will ich auch nach dem »inneren Ballast« suchen. Vieles hält mich davon ab, glücklich zu sein. Ich denke an den Neid – ich kann es oft schwer ertragen, dass es anderen besser geht als mir. Ich denke an meine Angst, die ich mir nicht eingestehen mag, und an die vielen inneren Verletzungen, die ich nicht heilen ließ. Ich denke an meine Selbstgerechtigkeit und daran, wie schnell ich andere verurteile. Es wird schwer sein, das alles loszulassen. Aber es ist wichtig – damit mein Leben leichter und glücklicher wird. Es ist sozusagen lebenswichtig.

Hier ist eine kleine Hilfe, um inneren Ballast loszulassen. Ich werde mir diese Zeilen abschreiben und gut sichtbar anbringen:

Für jeden Tag

Ich bin wertvoll, wie ich bin.
Ich bin einzigartig und liebenswert.
Ich bin es wert, von Lasten befreit zu werden.

Ich bin selbst verantwortlich für mein Leben.
Ich darf das tun, was für mich gut ist.
Ich habe ein Recht darauf, mich von Lasten zu befreien.
Ich darf glücklich sein.

Ich brauche die Augen vor meinen Ängsten und Schwächen nicht zu verschließen.
Ich darf akzeptieren, dass ich Angst habe.
Ich darf zu meiner Vergangenheit stehen und meine Fehler akzeptieren.
Ich will aus Fehlern lernen.

Ich will meine Probleme lösen, statt sie ständig vor mir herzuschieben.
Ich weiß: Die Kraft, die ich dazu brauche, kommt unterwegs.
Nur wenn ich nicht losgehe, bleibe ich kraftlos und schwach.

Ich will Loslassen zum Programm meines Lebens machen.
Ich werde feststellen, dass es mir von Mal zu Mal leichter fällt.

ENTSCHEIDUNGEN TREFFEN

Die Situation kennen wir alle: Ich fühle mich durch ein Problem oder eine schwierige Situation äußerst belastet und niedergedrückt. Wenn das länger andauert, muss ich eine Entscheidung treffen, sonst wird mein Leben bald zur Qual.

Nehmen wir an, meine Arbeit gefällt mir nicht mehr. Gut, so eine Phase hat fast jeder mal! Wenn dieser Zustand jedoch anhält, dann muss etwas geschehen! Aber muss es gleich bedeuten, dass ich mir einen neuen Arbeitsplatz suche?
Nehmen wir an, ich leide unter Geldproblemen. Das neue Auto stellt sich als viel zu teuer in der Unterhaltung heraus. Muss ich wieder Fußgänger werden?
Oder ich habe Probleme mit den Nachbarn. Sie grüßen mich nicht, aber benachrichtigen sofort die Polizei, wenn ich im Garten ein Grillfest feiere. Soll ich ausziehen?

Ich will mir folgende Worte zur Regel machen:
»Wenn mir etwas im Leben nicht gefällt
und mir nicht gut tut,
dann gibt es drei Möglichkeiten, damit umzugehen:

Ich ändere es,
ich akzeptiere es,
oder ich verabschiede mich.«

1. Ich ändere es.
Das ist der Königsweg. Wenn mir etwas nicht gefällt, dann werde ich es ändern. Wie kann das aussehen?
Wenn mir meine Arbeit nicht gefällt, dann will ich herausfinden, woran das liegt. Ich verstehe mich mit meinen Kollegen nicht? Sicher liegt das auch an mir. Ich kann versuchen, mich für ein besseres Betriebsklima einzusetzen. Ich werde einige zu mir nach Hause einladen. Ich werde versuchen, weniger arrogant zu sein oder freundlicher auf die anderen zuzugehen.
Oder langweilt mich meine Arbeit? Dann werde ich versuchen, wieder Freude daran zu finden. Ich werde dazulernen, mehr auf die Kunden eingehen und mehr über die Herkunft der Waren erfahren.
Wenn sich das neue Auto als zu teuer herausstellt, werde ich mir die Frage stellen, wie wichtig es mir eigentlich ist. Brauche ich es tatsächlich, oder ist es für mich ein Prestigeobjekt? Wenn es mir wichtig ist – vielleicht kann ich woanders etwas einsparen? Vielleicht kann ich auf die teure Garage verzichten? Vielleicht verkaufe ich das Auto wieder und kaufe mir ein kleines gebrauchtes?

2. Ich akzeptiere es.
Manchmal ist es nicht anders möglich, als eine Situation zu akzeptieren. Wenn alle Versuche, ein besseres Verhältnis zu den Nachbarn zu bekommen, fehlgeschlagen sind, dann kann es auch so gehen: Ich akzeptiere, dass ich Nachbarn habe, die rücksichtslos und lieblos sind. Aber mein Glück ist nicht davon abhängig, dass ich mich mit ihnen gut verstehe!

Vielleicht muss ich auch akzeptieren, dass ich weiter eine Arbeitsstelle habe, mit der ich unzufrieden bin. Wenn ich nichts anderes finde und auf das Geld angewiesen bin, dann muss ich es vorerst so hinnehmen.

Jeder Mensch muss bestimmte Dinge in seinem Leben akzeptieren. An meinem Aussehen kann ich nur wenig ändern – aber an meiner Ausstrahlung sehr viel. Das Medizinstudium, von dem ich immer geträumt habe, kann ich jetzt nicht mehr beginnen – aber ich kann täglich etwas dazulernen. Dass meine Schwester den Kontakt zu mir abgebrochen hat, daran kann ich nichts ändern – aber ich kann warten und bereit sein für einen neuen Anfang.

3. Ich verabschiede mich.
Es gibt Situationen, die mich auf Dauer unglücklich machen werden. Es gibt Beziehungen, die krank machen. Es gibt Probleme, die nicht zu lösen sind. Dann muss ich gehen. Dann muss

ich mich verabschieden oder die Flucht antreten.
Dann muss ich meine Arbeitsstelle aufgeben. Dann bleibt mir nichts anderes übrig, als mein Auto zu verkaufen und mit dem Bus zu fahren oder zu Fuß zu gehen. Dann muss ich mir eine neue Wohnung suchen. Und dann muss ich vielleicht eine alte Freundschaft beenden, den Garten aufgeben, auf meinen Urlaub verzichten oder mit dem Radsport aufhören.

Wichtig ist, dass ich niemals vorschnell aufgebe. Meistens reicht es, etwas zu ändern – um wieder glücklich zu sein. Manchmal kehren das Glück und die Zufriedenheit erst dann in mein Leben zurück, wenn ich etwas akzeptiere und nicht länger dagegen ankämpfe. Und ab und zu ist es notwendig, dass ich gehe und mir selbst sage: Ab heute will ich glücklich sein.

HEUTE WILL ICH LEBEN

Das Glück ist eine sehr verderbliche Ware. Ich kann es nicht konservieren und aufbewahren und dann bei Gelegenheit hervorholen. Das Glück will sich sofort entfalten und seine wunderbare Wirkung verschenken.
Es gibt nur einen Tag in meinem Leben, an dem ich glücklich sein kann – und das ist heute, immer wieder heute.

Viele Menschen betrügen sich selbst um ihr Glück, weil sie mehr in der Vergangenheit leben als heute.
Ich kann meine Vergangenheit verklären: Die Heimat, meine Kindheit, das erste Verliebtsein, die alten Freunde – was für eine herrliche Zeit! Ich erinnere mich an unzählige Glücksmomente. Wunderbare Erinnerungen begleiten mich. Die Gegenwart kann da nicht mithalten! Die Jugendzeit ist vorbei, die Freunde sind in alle Welt zerstreut, meine Kräfte haben nachgelassen, das Leben ist schwer und kompliziert geworden! Immer wieder stelle ich Vergleiche an und bin enttäuscht von der heutigen Zeit. Und je älter ich werde, je mehr ich vergleiche, umso mehr verkläre ich die Vergangenheit. Ich stehe mir selbst mit meinen Erinnerungen im Weg. Ich hänge alten Erinne-

rungen nach, statt zuzulassen, dass wunderbare neue Erinnerungen geboren werden.
Ich will es mir immer wieder sagen: Keine Zeit ist besser oder schlechter als die andere. Auch die Gegenwart ist nicht schlechter als die Vergangenheit. Sie ist nur anders. Und jeder Tag ist voller guter Lebensmöglichkeiten. Jeder Tag ist eine Einladung, glücklich zu sein.

Vielleicht halte ich auch deshalb an der Vergangenheit fest, weil es für mich eine besonders schwere, bittere Zeit war. Ich kreise mit meinen Gedanken ständig um eine schreckliche Kindheit, eine furchtbare Krankheit oder eine verpasste Chance. Ich lasse alte Verletzungen nicht heilen, bedaure mich selbst und rede mir ein, dass mein Leben für immer verdorben sei. Weil ich die Vergangenheit nicht loslasse, ist mir die Gegenwart verbaut. Weil ich in der Vergangenheit lebe, kann ich nicht in der Gegenwart leben und dort glücklicher sein als damals.

Die andere Möglichkeit, mich selbst um die Gegenwart und das Glück zu betrügen, ist die: Ich schiebe mein Leben in die Zukunft. Und auch da gibt es, wie bei der Vergangenheit, zwei Varianten: Ich träume von einer wunderbaren Zukunft oder ich habe vor der Zukunft Angst.
Von einer wunderbaren Zukunft träumen? Das können viele Menschen ausgezeichnet. Wenn

wir erst einmal ein eigenes Haus haben! Wenn ich den Posten bekommen habe! Wenn die Kinder aus dem Haus sind! Wenn ich erst pensioniert bin! Wenn ... Und wenn es soweit ist, fällt mir ein neues »wenn« ein.
Ich arbeite viel zu viel, um das Leben »irgendwann einmal« genießen zu können. Ich bereite meine Zukunft vor und habe heute keine Zeit, glücklich zu sein. Doch wenn ich so weitermache, werde ich die Zukunft nicht mehr erleben – die Zeit, in der ich endlich glücklich sein wollte.

Ich kann aber auch dann in der Zukunft »leben«, wenn ich ständig das Schlimmste befürchte. Hoffentlich passiert uns nichts im Urlaub! Hoffentlich werde ich nicht entlassen! Hoffentlich kommen die Kinder ins Gymnasium! Hoffentlich geht unsere Ehe nicht auseinander!
Ständige Sorgen, häufige Zukunftsängste können mein »Heute« zerstören. Sie gehören ebenfalls zu den Glücksdieben, die mich davon abhalten, heute glücklich zu sein.

Mir wird deutlich: Es ist nicht einfach, ganz im Heute zu leben. Zu vieles hält mich in der Vergangenheit und in der Zukunft gefangen. Es ist nicht einfach – und doch ganz einfach. Vielleicht zu einfach für uns komplizierte Wesen? Vielleicht zu leicht für uns belastete, unglückliche Menschen?

Meine Entscheidung steht fest. Ich will glücklich sein – und das geht nur heute. Also werde ich sofort damit beginnen:

Ich will an jedem Morgen den neuen Tag begrüßen. Ich will sagen, dass ich mich auf diesen Tag freue. Ich will mir deutlich machen, dass dieser Tag unzählige Möglichkeiten bietet zu leben und glücklich zu sein. Und ab und zu werde ich voller Freude zuschauen, wenn am Beginn des Tages die Sonne aufgeht.

Ich will aus jedem Tag ein kleines Fest machen. Ich will meine neu erwachte Liebe zum Leben feiern. Ich will mich mit Menschen treffen, die ich gern mag. Ich bringe uns eine Blume mit nach Hause. Ich danke Gott für mein Leben und schaue still zu, wie die Natur ihr Fest feiert.

Ich will aus jedem Tag das Beste machen. Ich will das Beste machen aus der Wartezeit beim Arzt, aus der schwierigen Aufgabe in der Firma und aus dem Besuch bei unseren Nachbarn. Ich glaube daran, dass kein Augenblick meines Lebens unnütz, langweilig oder leer bleiben muss.

Ich will dem Leben vertrauen. Ich will daran glauben, dass ich nicht zu kurz komme. Ich will die Möglichkeiten des Lebens sehen und nicht so sehr die Gefahren. Ich will ganz viel Gutes erwarten und selbst dazu bereit sein, Gutes zu tun.

Ich will heute, gerade an diesem Tag, glücklich sein. Ich will mir heute Zeit nehmen, das Leben zu genießen. Wenn es einen Grund zum Trauern gibt, dann will ich es heute tun – damit das Glück morgen oder übermorgen wieder zu mir zurückkehren kann. Ich will mir heute einen Wunsch erfüllen. Ich will heute ein gutes Gespräch führen. Ich will heute meine Hilfe anbieten. Ich will heute herzlich lachen.

Eine gute mütterliche Freundin von mir hatte jahrelang ihren Mann gepflegt, der völlig auf ihre Hilfe angewiesen war. Als er starb, war Frieda bereits 74 Jahre alt. Statt jetzt in der Vergangenheit zu leben, entschloss sie sich zu verreisen. Ein Teil ihrer großen Verwandtschaft lebt in Nordamerika. Jedes Jahr machte sie nun eine lange Reise und besuchte Kinder, Enkel und Geschwister. »Solange ich das kann, will ich es tun«, sagte sie einmal, »und ich genieße jeden einzelnen Tag.« Noch mit 86 Jahren flog sie über den Ozean und blieb dort einige Wochen. Hinterher erzählte sie mir stolz, dass sie in Kalifornien mit ihrem Sohn einen Ballonflug über die Berge unternommen hätte. Dabei strahlte sie wie ein glückliches Kind. Nur wenige Wochen danach erlitt sie einen Schlaganfall. Sie konnte jetzt nicht mehr laufen und schließlich kaum noch sprechen. Aber sie hatte ihr Leben gelebt. Und mit dem Gottvertrauen, das sie ihr Leben lang begleitet hatte, starb sie mit 88 Jahren. Ich werde es tun wie Frieda. Ich werde jeden einzelnen Tag meines Lebens genießen.

MIR SELBST GUTES TUN

Eine Fernsehjournalistin sagte mir in einem Interview einmal sehr direkt: »Wenn Sie die Menschen einladen, sich selbst Gutes zu tun, dann wollen Sie wohl lauter kleine Egoisten aus ihnen machen.« Das saß! Und ich kann diese Frau gut verstehen. Denn der Egoismus in unserer Gesellschaft nimmt zu. Er bedroht jede Gemeinschaft, jedes Miteinander.
Warum kreisen so viele Menschen um sich selbst, um ihr eigenes Ego? Weil sie innerlich leer sind. Und deshalb versuchen sie ständig, diese Leere auszufüllen. Sie wollen sich Gutes tun, aber sie tun genau das Gegenteil:
Sie überhäufen sich selbst mit sinnlosen, teuren Geschenken. Sie versuchen, andere Menschen an sich zu binden. Um erfolgreich zu sein, gehen sie über Leichen. Sie versuchen sich Liebe zu kaufen oder zu erbetteln. Sie verlieren große Teile des Lebens aus ihrem Blickfeld.

Mir selbst Gutes tun, das ist etwas ganz anderes. Was wirklich gut tut, füllt meine innere Leere aus. Wenn ich mir Gutes tue, werde ich mit Sicherheit Glückserfahrungen machen, die den Egoisten verwehrt sind.
Was ist gut für mich, was tut mir gut? Das ist ei-

ne entscheidende Frage auf dem Weg zum Glück. Und diese Frage kann ich nur ganz persönlich für mich beantworten. Jeder Mensch muss seine individuelle Antwort suchen, die sich von jeder anderen Antwort unterscheidet.

Hier ist eine Liste von Fragen, mit deren Hilfe ich mich vielleicht zu meiner Antwort vorantasten kann:

- Brauche ich mehr Stille?
- Sollte ich mehr Zeit zum Ausruhen nutzen?
- Fehlen mir Bewegung und frische Luft?
- Denke ich zu oft an mich und meine Probleme?
- Ist mein Leben zu eintönig?
- Sollte ich häufiger allein sein?
- Bin ich zu oft allein?
- Mag ich mich selbst?
- Kann ich etwas mit mir anfangen?
- Komme ich genügend zum Nachdenken?
- Sollte ich mehr handeln und weniger denken?
- Brauche ich mehr Zeit für die Familie?
- Fehlt mir eine gute Gemeinschaft?
- Liebe ich meine Mitmenschen?
- Habe ich Ziele, auf die ich hinlebe?
- Kann ich zuhören?
- Bin ich für andere interessant?
- Welche Lasten sollte ich ablegen?
- Welche Träume möchte ich verwirklichen?
- Bin ich manchmal zu ernst?
- Lache ich gern und oft?
- Nehme ich Herausforderungen an?

- Bin ich oft bequem und träge?
- Lebe ich selbst oder lasse ich andere für mich leben?
- Bin ich bereit, Neues zu lernen?
- Bin ich bereit, für Augenblicke des Glücks auf anderes zu verzichten?
- Pflege ich meine Freundschaften?
- Bin ich offen und herzlich?
- Bin ich dankbar für mein Leben?
- Kann ich auch mal über mich selbst lachen?

Langsam wird mir deutlich, was mir für mein Leben und für mein Glück fehlt. Ich finde heraus, was mir wichtig ist und was ich mir in meinem tiefsten Herzen wünsche. Und danach werde ich in Zukunft konsequent handeln.

Konsequent, das sagt sich so leicht. Ich weiß durch etliche Leserbriefe, dass es vielen Menschen schwer fällt, den Weg zu Glück und Zufriedenheit weiterzugehen, wenn Mitmenschen darauf mit Unverständnis reagieren. Selbst gute Freunde und enge Verwandte können sich abwenden und begründen das mit Worten wie: »Du hast dich in der letzten Zeit völlig verändert!«

Konsequent handeln, das ist ein schwerer Weg. Natürlich werde ich mich verändern, das wünsche ich mir sogar. Und möglicherweise werde ich Freunde verlieren – weil ich alte Gewohnheiten ablege, falsche Hoffnungen aufgebe und meine Trägheit überwinde.

Ich habe herausgefunden, was für mein persönliches Glück wichtig ist. Ich schreibe es mir auf, damit ich mich regelmäßig daran erinnern kann. Es gibt aber auch Regeln, die gleichermaßen für alle Menschen gelten, die glücklich sein wollen:

• Ich will mich mit Gutem umgeben.
Kein Mensch kann auf Dauer fröhlich und glücklich sein, wenn er sich ständig von negativen Dingen oder Menschen herunterziehen lässt. Ich will nicht länger zulassen, dass ich alles in mich hereinlasse – Aggressionen, Hass, Gewalt, Resignation, Selbstmitleid. Ich will meine Freunde auswählen, meine Bücher, meine Gesprächspartner – aber auch meine Wohnungseinrichtung, die Bilder an der Wand und den Ort, an dem ich spazieren gehe und die Natur genieße.

• Ich sage ja zu mir.
»Wertvoll bin ich, wie ich bin«, so heißt ein Buch von mir, das immer wieder nachgefragt wird. Warum? Weil viele Menschen erkannt haben, dass sie unglücklich bleiben, solange sie nicht genügend positives Selbstwertgefühl besitzen.

• Ich höre sofort auf, meine Gesundheit zu vernachlässigen.
Meine Gesundheit hängt zu einem guten Teil davon ab, wie es meiner Seele geht – und davon lesen wir viel in diesem Buch. Aber meine Ge-

sundheit hängt natürlich auch davon ab, wie ich meinen Körper behandle.

Wie will ich gesund und glücklich sein, wenn ich mich den ganzen Tag kaum bewege? Und wenn ich mich schlecht ernähre? Mein ganzes »Glücksprogramm« nützt kaum etwas, wenn ich mir nicht auch hier konsequent Gutes tue – mit viel Bewegung, frischer Luft, gesunder Ernährung.

Als Charlotte 75 Jahre war, litt sie unter Durchblutungsproblemen in den Beinen. Wenn sie spazieren ging, blieb sie bei jedem Schaufenster stehen (deshalb spricht man auch von der sogenannten Schaufensterkrankheit) und versuchte den Eindruck zu erwecken, interessiert die Auslagen zu betrachten. In Wirklichkeit blieb sie stehen, weil die Schmerzen so groß waren. Und bald blieb sie immer öfter zu Hause. »Wozu soll ich noch leben?« fragte sie mich einmal resigniert.

Sie ließ sich zum Arzt fahren. Der verschrieb ihr Medikamente – und »an jedem Tag einen langen Spaziergang«. Da begann Charlotte gegen die Schmerzen anzukämpfen und jeden Tag unterwegs zu sein. Zuerst fiel es ihr sehr schwer, bald jedoch wurde es leichter. Heute mit 78 Jahren ist sie jeden Tag zwei Stunden unterwegs – und ist gesünder und lebensfroher als je zuvor.

ANDEREN GUTES TUN

Einer der verbreitetsten Irrtümer unserer Zeit lautet: »Menschen, die Gutes tun, führen ein langweiliges Leben.« Ich stelle vielmehr immer wieder fest, dass Menschen, die sich für andere einsetzen, in den meisten Fällen äußerst interessant, lebendig und glücklich sind. Menschen dagegen, die nur sich selbst und ihren eigenen Vorteil sehen, sind zumeist leer und unzufrieden. Schlechte Menschen sind nicht glücklich – auch wenn sie alles tun, uns davon zu überzeugen. Menschen, die sich um jeden Preis durchsetzen wollen und bereit sind, dafür über Leichen zu gehen, lassen immer auch Opfer zurück. Ihnen ist aber nicht bewusst, dass sie selbst ebenfalls Opfer ihres Lebensstils geworden sind.

Im Zeitalter von Wellness und Selbstverwirklichung gelten »gute Taten« sicherlich bei vielen als leicht verstaubt. Wir wollen Spaß, so sagt es die Werbung, aber niemand käme auf die Idee zu sagen: »Gutes tun bringt Spaß. Nächstenliebe tut gut. Ehrenamtliche Tätigkeit macht Laune!«
Allan Luks, ein international bekannter Experte in Sachen Freiwillige Dienste und soziales Ehrenamt, berichtet in seinem Buch »Der Mehrwert des Guten« (Verlag Herder) von mehreren

wissenschaftlichen Umfragen in den USA und Europa bei ehrenamtlich tätigen Menschen. Die Ergebnisse decken sich überwiegend: »Insgesamt 95 Prozent der freiwilligen Helfer berichteten, ihre regelmäßigen persönlichen Hilfseinsätze gäben ihnen ein unmittelbares Gefühl körperlichen Wohlbefindens ... Wer Fremden half, und nicht nur Familienangehörigen oder guten Bekannten, hatte die größere Chance, ein solches ›High‹ zu erfahren ... In Schweden wurde 1987 die erste Studie unternommen, bei der die Bevölkerung eines ganzen Landes anhand einer repräsentativen Auswahl untersucht wurde ... Während des Untersuchungszeitraums kamen auf jeden Tod eines sozial engagierten Menschen 3,7 Tote aus der Gruppe der sozial isolierten Menschen.«
Auf eine einfache Formel gebracht heißt das: Egoismus macht krank und unglücklich. Tätige Nächstenliebe dagegen macht Menschen glücklicher und gesünder.

Nun kann ich soziales Engagement nicht als eine Art Fitnessübung ansehen, die ich einmal in der Woche betreibe, um glücklicher oder gesünder zu werden. Die Voraussetzung ist erst einmal eine liebevolle Einstellung zu meinen Mitmenschen. Und darum will ich mich bemühen.
Allerdings kann meine Liebe nicht in der Theorie wachsen. So werde ich ab sofort mit der Praxis

beginnen. Meine Liebe wird wachsen, wenn ich versuche zu lieben:

• Ich pflege meine Freundschaften.
Eine gute Freundschaft tut uns beiden gut – mir und dem Freund oder der Freundin. Das gilt für alle Situationen und Lebensabschnitte.
In schweren Zeiten schenken mir Freundschaften ein sicheres Netz, das mich auffängt, wenn ich zu fallen drohe: Ich bin dort gut aufgehoben. Lebenskrisen bewältige ich besser, wenn ich in gute, tiefe Freundschaften eingebunden bin.
Allerdings gehen viele Menschen sehr nachlässig mit ihren Freundschaften um. Ein Freund, an den ich mich nur dann erinnere, wenn es mir schlecht geht, wird sich irgendwann von mir abwenden. Und eine Freundin, die ich nur bei Langeweile aufsuche, wird mir die Freundschaft aufkündigen. Jede Freundschaft muss liebevoll gepflegt werden. Dafür fertige ich mir zuerst einmal eine Liste an, auf die ich die Namen aller derer schreibe, deren Freundschaft mir wichtig ist. Diese Liste nehme ich in Zukunft regelmäßig in die Hand: Wen habe ich längere Zeit nicht gesehen oder gesprochen? Wer könnte meine Hilfe oder Aufmunterung brauchen? Wem möchte ich eine Freude machen? Wen will ich zu mir einladen?
Manchmal ist es nur ein kurzer Anruf, ein Brief, ein Blumengruß – der unserer Freundschaft gut tut. Aber es kann auch passieren, dass ich kurz

entschlossen ins Auto springe, zur Freundin fahre und bereit bin, ihr stundenlang zuzuhören.

• Ich engagiere mich für meine Mitmenschen.
Meine kleine, enge Welt kann nur größer werden, wenn ich mich für die Liebe öffne. Jeder liebevolle Kontakt zu einem Menschen, jedes ehrliche Gespräch, jedes Dankeschön und jede Ermutigung ist ein Schritt heraus aus meiner Enge.
Ganz besonders wichtig ist es, mich konkret für einen oder mehrere Mitmenschen zu engagieren. Das befreit mich von mir selbst und schenkt mir neue innere Weite und Größe.
Ich kann einer allein erziehenden Mutter in der Nachbarschaft einmal in der Woche die Kinder »abnehmen«. Ich kann eine Patenschaft in einem Pflegeheim übernehmen. Ich kann bei der Bahnhofsmission helfen. Ich kann einem Kind ausländischer Eltern Nachhilfeunterricht geben. Ich kann Besuche machen, Essen ausgeben, trösten, begleiten, ermutigen. Hauptsache, ich tue etwas! Die Zeit, die ich schenke, wird auch für mich geschenkte Zeit sein.

• Ich verschreibe mich dem Guten.
Jede liebevolle Tat tut mir gut. Jeder positive Gedanke hilft meinem Wohlbefinden. Jeder Hoffnungsfunke jedes ehrliche Wort erfreut meine Seele. Alles Gute, Positive, Wahre, Liebevolle – färbt ab!

Darum suche ich die Nähe liebevoller Menschen. Dann wird auch die Liebe in mir wachsen. Und ich will selbst Liebe verschenken. Auch das ist ein sicherer Weg, dass die Liebe in meinem Leben zunimmt.

Ich suche die Nähe Gottes. Und ich verstehe ihn konsequent als einen liebevollen Gott und nicht als einen Gott, der mir Leben verbieten und verbauen will: »Gott ist Liebe«, so sagt die Bibel.

Ich setze mich für Gerechtigkeit und Wahrheit ein. Eine Welt, in der jeder nur nimmt und an sich denkt, wird immer weniger lebenswert. Und ich weiß ja schon längst, dass Egoismus und Ungerechtigkeit langweilig und leer sind.

Bill Gates, der reichste Mensch der Welt, unternahm 1995 zusammen mit seiner Ehefrau eine Weltreise. Dabei erlebten sie in der sogenannten Dritten Welt viel schreckliches Elend. Als Konsequenz dieser Erlebnisse folgen beide nun einem Satz des Autors Andrew Carnegie: »Ein Mann, der im Reichtum stirbt, stirbt in Schande.« 1999 entschlossen sie sich, einen großen Teil ihres Geldes in die Gates-Stiftung zu geben, um damit die Menschheit von todbringenden Krankheiten wie Aids, Malaria und anderen zu befreien.

Geld allein macht niemanden glücklich. Aber Liebe und Engagement für den Nächsten können eine sprudelnde Quelle des Glücks sein.

UNSERE WELT BRAUCHT GLÜCKLICHE MENSCHEN

Alle Menschen wollen glücklich sein. Vielen jedoch gelingt es nicht. Sie arbeiten zu viel auf dem Weg zum Glück – und werden krank. Sie machen sich Sorgen – und sind nicht mehr frei für das Glück. Sie machen es sich bequem – und verschlafen das Glück. Sie meinen glücklich zu sein, wenn sie immer mehr haben – und brechen unter ihren Lasten zusammen.
Glückliche Menschen sind nicht egoistisch. Im Gegenteil – sie sind frei von unnötigen Zwängen und frei für ihre Mitmenschen. Wir alle können von glücklichen Menschen profitieren, von ihrer Lebensfreude, ihrer Offenheit, ihrem Lachen, ihrem Glück.
Kürzlich telefonierte ich mit einem Bekannten, der vor drei Jahren mit seiner Frau nach Amerika gezogen war, um dort den Ruhestand zu verbringen. »Wie lange halten Sie es dort noch aus, so weit weg von der Heimat?« fragte ich ihn. »Wir fühlen uns hier sehr wohl. Wir sind richtig glücklich!« kam die Antwort. Und dann erzählte er von den Menschen dort, von ihrer offenen Art und ihrer Freundlichkeit. »Hier gehe ich freiwillig nie wieder weg!«
Ich kenne das selbst. In der Nähe glücklicher, zu-

friedener, freundlicher Menschen fühle ich mich wohl. Dort kommen mir gute, positive Gedanken. Dort atmet meine Seele auf.

Wer wirklich glücklich ist, ist ein Glücksfall. Er ist ein Segen für seine Mitmenschen. Es springt etwas über – Lebensfreude, Lebensmut, Liebe.
Es ist ein Glücksfall, die Nähe glücklicher Menschen zu erleben. Unglückliche Menschen, die andere runterziehen, gibt es viel zu viele.
Es ist ein Glücksfall, die Nähe interessanter Menschen zu erleben. Langweiler gibt es viel zu viele.
Es ist ein Glücksfall, die Nähe freundlicher Menschen zu erleben. Unfreundliche Menschen gibt es viel zu viele.
Es ist ein Glücksfall, die Nähe liebevoller Menschen zu erleben. Lieblosigkeit gibt es viel zu viel. Sie macht das Zusammenleben oft unerträglich.
Es ist ein Glücksfall, selbst glücklich zu sein – ein Segen für andere.

Liebe Leserin, lieber Leser,
nun wünsche ich Ihnen einen spannenden, erfolgreichen Weg zu einem glücklichen Leben. Und wenn Sie gut vorangekommen sind, schreiben Sie mir doch einmal von Ihren Erfahrungen »Unterwegs zum Glück«.